AF260195

LE
TE DEUM
DE LUTZEN.

LE TRIOMPHE

DE L'HOMME NÉCESSAIRE,

OU

L'INTERVENTION DE LA PROVIDENCE

MONTRÉE A DÉCOUVERT;

DISCOURS

Prononcé, le 23 de Mai, après le chant du Te Deum ordonné par S. M. L'Impératrice-Reine et Régente, *en actions de graces*

POUR LA VICTOIRE ÉCLATANTE DE LUTZEN;

Par M.ʳ Pierre DE JOUX,

Président du Consistoire de la Loire-Inférieure et de la Vendée, Membre de plusieurs Sociétés Savantes, et de l'Académie-Celtique, séante à Paris.

A NANTES,

DE L'IMPRIMERIE DE FOREST.

1813.

Suave, mari magno turbantibus æquora ventis,
E terrâ, magnum alterius spectare laborem :
Non quia vexari quemquam est jucunda voluptas,
Sed, quibus ipse malis careas, quia cernere suave est,
Suave etiam belli certamina magna tueri
Per campos instructa, tuâ sine parte pericli.

LUCRETIUS, Lib. II.

VICTOIRE DECISIVE

DE LUTZEN,

TE DEUM.

L'ennemi disait : je poursuivrai, j'atteindrai, TEXTE.
je partagerai les dépouilles ; mon ame sera
assouvie de leur sang ; je dégaînerai mon épée,
ma main les détruira. ——— Tu as étendu ta
droite, ô Éternel ! et la terre les a engloutis.

EXODE, Ch. XV, v. 9 et 11.

POURQUOI l'encens fume-t-il sur l'autel EXORDE.
des sacrifices ? Quelle est cette scène de
magnificence et de dignité que la Religion déploie à nos regards ? Pourquoi,
portant deux sceptres et deux couronnes,
la jeune Souveraine des Français des-
cend-elle au milieu de son peuple, et
marche-t-elle en pompe solennelle vers
la cathédrale de l'Empire ? Son air ma-
jestueux la proclame issue de la lignée

auguste de Hapsbourg et du sang de Charlemagne ;.... mais son aspect imposant est adouci par cette touchante expression de bonté, par toutes les graces qui embellissent son sexe !

C'est un sentiment profond et religieux qui la conduit dans le sanctuaire du Très-Haut;.... le chant de la louange divine concerte autour d'elle, et les sons harmonieux de la piété font retentir les airs;... précédée de Pontifes, environnée des Grands de sa Cour, des Ministres vénérables de la Régence suprême, elle va adresser de vives actions de graces au Dieu des combats, implorer sa protection sur nos armées; lui demander instamment la conservation de l'Empereur, de *l'Homme nécessaire*, sur la vie précieuse duquel reposent l'espérance de l'Europe, le raffermissement du culte divin qu'il a rétabli, et le bonheur de la France.

« O Dieu du ciel, s'écrie l'Impéra-
» trice, c'est bien à Lutzen que ton bras
» s'est signalé ! c'est à toi seul que nous
» devons rendre l'honneur de cette jour-

» née; car c'est toi, ô Eternel, qui as
» combattu pour nous !

» O toi qui brises et qui relèves les
» trônes, c'est toi qui as confondu les
» orgueilleux projets de nos ennemis,
» c'est toi qui nous donnes la victoire,
» c'est toi qui as mis un frein à la fu-
» reur des méchans.

» J'abaisse devant toi ce front que tu
» as couronné du diadême.... Exauce
» mes vœux ardens, les vœux de tout
» un peuple..... Sois propice à mon
» époux bien aimé, bénis ses armées et
» protège cet Empire.... Accorde-nous
» la paix,... le plus grand bienfait de
» tes miséricordes,... l'unique but au-
» quel tendent sur la terre nos desirs,
» nos triomphes et nos travaux ! »

Et nous aussi, M. C. A. nous chez qui
le dévouement au Chef de l'Empire,
est une affection permanente, nous qui
nous sommes associés d'esprit et de cœur
à la grande action, nous répandrons
notre ame en prières ; nous unirons nos

chants et nos accords à cet hymne solennel.

Non, non! il ne suffit pas que notre ame satisfaite jouisse en silence; il faut encore communiquer ces nobles affections dont nous sommes animés; il faut que l'enthousiasme éclate; et c'est notre devoir, comme membres de l'Eglise, comme citoyens, comme chefs de famille, de faire partager nos sentimens pour l'incomparable Souverain, sous l'égide protectrice duquel nous avons le bonheur de vivre en sureté.

Par là, encore, se développeront dans le cœur de nos enfans de grandes pensées, par là s'augmentera en eux l'amour de leurs devoirs; par là, enfin, se nourrira chez les individus de toutes les classes une fidélité inaltérable à s'acquitter dignement des fonctions diverses que leur impose la société.

Que dis-je? Ah! ce n'est qu'en donnant aujourd'hui l'essor à ces sentimens publics, à l'amour du Prince et de la Patrie, que vous contribuerez à étendre

la divine Religion de Jésus-Christ ! ---
Ce n'est qu'en honorant vos braves com-
patriotes qui , à l'exemple du Sauveur
du genre humain, ont donné généreu-
sement leur vie pour le salut de leurs
frères, que vous vous montrerez ses imi-
tateurs !

Vous prouverez, ainsi, que, plus qu'aucun autre homme, le Chrétien possède
tout ce qui peut nous enflammer d'une
noble valeur, d'un véritable héroïsme;
et que, si cette sublime religion empêche
que la bravoure ne dégénère en férocité, elle n'en inspire qu'une horreur
plus profonde pour l'égoïsme, pour la
lâcheté, pour l'ingratitude !

D'ailleurs, avouons-le, les émotions vertueuses qu'excite dans nos cœurs le spec-
tacle de la vertu qui lutte et qui triomphe,
sont accompagnées de je ne sais quel
charme moral, de je ne sais quelle jouis-
sance pure qui nous rend meilleurs et qui
nous porte à la bienveillance... C'était le
sentiment d'un écrivain célèbre de l'antiquité : » *Il est doux*, s'écrie-t-il, *il est*
» *doux de comtempler du haut du ri-*

» *vage les flots soulevés par la tempête,*
» *et le péril d'un malheureux qu'ils me-*
» *naçoient d'engloutir. Il est doux, en-*
» *core, à l'abri du péril, de promener*
» *ses regards sur deux armées rangées*
» *dans la plaine.* »

Non, cependant, M. C. A. non que l'on prenne plaisir à l'infortune des hommes ; mais parce que la vue des maux qu'ils ont cessé d'éprouver, est pour nous infiniment consolante.

Mais parce que l'aspect de jeunes guerriers qui combattent pour l'amour de la Patrie et pour obéir à ses saintes lois, en présence de leur Monarque lui-même, qui partage leurs périls, et qui les anime par son exemple, ennoblit à nos yeux l'humanité, pénètre notre ame de reconnoissance, nous fait répandre les douces larmes de la compassion ; et satisfait, en un mot, le besoin le plus impérieux de notre nature, le besoin de chérir et d'admirer !

Mais, sur-tout, parce qu'en élevant nos regards vers la Puissance suprême qui, dernièrement , a délivré les objets de nos plus tendres affections , et de la fureur de élémens irrités qui attaquoient en eux les sources de la vie, et de la trahison d'injustes agresseurs qui ne se proposoient rien moins que de porter le fer et le feu dans le sein de nos familles, nous bannirons à l'avenir de notre cœur ces soucis cruels, cette défiance mal fondée, ces murmures irréfléchis qui outragent la Divinité; nous lui abandonnerons avec une inébranlable confiance les destins de notre vie , certains que nous avons droit de tout attendre de sa bonté après des délivrances aussi imprévues que signalées, et que tous les événemens concourront à notre bonheur.

Adorateurs de Dieu et de la vertu sa plus noble image, placez-vous, par la puissance du souvenir, sur les bords fangeux de la Bérésina , au milieu des glaces horribles de la Scythie, arrêtez-vous quelques instans à contempler la constance héroïque de Napoléon et de son armée dans ce séjour désolé. --- Transportez-vous ensuite sur l'aile rapide de la pensée, transportez-vous au champ glorieux de Weissenfels, sur les rives fleuries de l'Elster et de la Pleiss, et dans la *plaine historique de Lutzen*.

Méditez avec moi sur cette double époque, féconde en contrastes et en étranges événemens. --- Comparez ces deux situations opposées où la Divinité s'est plue, également, à mettre en évidence les sublimes vertus, et les talens extraordinaire quelle avait déposés dans *le Restaurateur de l'ordre social*. --- Il sortira, si je ne me trompe, de leur opposition, de grandes lumières qui nous serviront comme de fanaux pour éclairer un plus heureux avenir, et pour rallumer dans vos cœurs les plus légitimes espérances.

Division.   I.° Le doigt de la Providence empreint dans les événemens pénibles de cet hiver.

II.° Le printems qui ramène la victoire, et qui nous montre dans les trophées de Lutzen un acte spécial de la protection de l'Etre suprême; c'est tout le partage de ce discours.

O Providence ! Providence ! Nous t'ado-
rons dans tes infinies miséricordes et
dans la sévérité de tes jugemens ! Souveraine sagesse ! en mettant l'homme de
ton élection aux prises avec l'adversité,
tu as développé, aux yeux de l'Univers,
son caractère héroïque, tu as justifié l'admiration que lui vouera la postérité ; tu
as déployé plus que jamais le patriotisme,
le dévouement , l'énergie d'un grand
peuple !

Nous te bénissons de ce que tu as fait
tomber nos implacables ennemis sous le
tranchant de l'épée vengeresse , et de ce
que tu n'as point permis que nos intrépides défenseurs fussent précipités dans
le gouffre de la mort !

L'ennemi disait avec arrogance : je
poursuivrai , j'atteindrai , je partagerai
les dépouilles , mon ame sera assouvie
de leur sang; je dégaînerai mon glaive,
ma main les détruira. ---

Tu as étendu ta droite, ô Eternel , et
la terre les a engloutis !

O Providence adorable , nous mettons

tout notre espoir en tes divins décrets ; et, puisqu'il a fallu cette leçon terrible pour humilier les hommes injustes et violens , nous te bénissons de ce que , par cette foudroyante catastrophe , tu vas rendre le repos au continent tourmenté ; et de ce que , par les éclats redoublés de ton tonnerre , tu as fait retentir dans tous les cœurs le cri de la paix !

I.re Partie. Aujourd'hui que la victoire fidelle ramène la joie au sein de nos cités , que l'Allemagne respire , que le Polonais , naguère consterné se flatte de briser encore une fois le joug de l'oppression , et l'Europe de voir bientôt se lever sur elle des jours sereins et tranquilles , ... rappellons - nous ce qu'il en a coûté à nos valeureux soldats , au premier des capitaines , pour être rendus à notre espoir , et pour nous obtenir de nouveaux triomphes.

Ce n'est pas seulement au champ de Mars que l'on obtient l'immortalité ; et la Nature elle-même vaincue dans les déserts affreux de la Moscovie, et la vaste Bérésina, en dépit de la fange de ses bords, en dépit de ces énormes massifs de glaces qu'elle roule sans mesure, franchie par nos guerriers en présence d'innombrables ennemis qui obstruoient les passages, nous ont prouvé qu'il est un autre genre de célébrité; qu'il est une gloire nouvelle, d'un ordre supérieur, à triompher de difficultés insurmontables aux ames communes.

Interrogeons en silence notre cœur; demandons-nous pourquoi Marius, assis sur les ruines de Carthage, ou frappant de la dignité de son regard le soldat farouche prêt à l'égorger dans les marais de Minturnes, brille avec plus d'éclat que, lorsque glorieux de la défaite des Cimbres et terrassant les Teutons, il désaltère ses troupes dans les ondes ensanglantées du fleuve que se disputoient deux formidables armées.

Pourquoi est-ce l'inébranlable constance de Régulus, bien plus que ses conquêtes rapides, qui le fait appartenir à la postérité?

Quand le stoïque Caton, presque enseveli dans les tourbillons et dans les sables de la Lybie, s'avance à la tête des Romains vers de stériles déserts, sous une zone brûlante que la nature a interdite aux mortels; lorsque, luttant à la fois contre les monstres et contre une sécheresse ardente, il est le dernier à soulager sa soif, pourquoi cet homme d'une vertu héroïque vous semble-t-il alors mériter un plus grand nom que s'il eût monté avec une pompe éclatante au Capitole, pour recevoir la couronne du vainqueur ?

Et, dernièrement encore, quand Napoléon, avec ses légions indomptables, bravoit les solitudes glacées du nord, pourquoi cette marche, triomphante autant que laborieuse, vous a-t-elle paru égaler ses plus glorieux trophées ?

C'est, me répondrez-vous, sans doute, c'est qu'alors, sans aucun égard au succès, nous considérons la vertu en elle-même; et qu'elle attire plus que jamais notre admiration, lorsqu'elle est abandonnée, et qu'elle se suffit, privée qu'elle est de tout secours humain !

Oui, l'univers, attentif aux événemens de la dernière campagne, a reconnu tout ce que peut une vertueuse résolution! En voyant les troupes françaises, destituées de tout, de bagages, de munitions, de montures et, par conséquent, d'artillerie, marcher pendant soixante nuits et soixante jours, combattre, souffrir et vaincre, le monde aura avoué que le malheur perd ses traits et l'aveugle fortune ses menaces, quand ils osent s'attaquer à la vertu; il aura senti que l'homme est plus grand que la nature; et que, s'il n'est pas toujours donné au talent, au génie et au courage, de maîtriser un sort rigoureux, ils peuvent toujours, du moins, rester invincibles!

O Smolensko, Minsk, Borisoff, Molodetschno, lieux obscurs, noms inconnus et barbares, vous devenez immortels! vous attesterez aux générations futures que tous les revers accumulés n'ont aucun pouvoir sur une ame forte;... vous raconterez aux siècles à venir, qu'au mépris des atteintes mortelles d'un hiver où l'étincelle de la vie étoit, à chaque instant, prête à s'éteindre, comme dans le sein du printems gracieux qui fit éclore pour nous les palmes de Weissenfels, dans les frimats ténébreux de la farouche Scythie, comme aux plaines riantes de Lutzen et dans le vallon des roses où nous fûmes couronnés par la victoire, la valeur de Napoléon et de ses intrépides soldats a défié la fortune de triompher des Français !

L'an dix-huit cent douze penchoit vers son déclin, et notre victorieuse armée se retiroit de Moskou réduite par de parricides incendiaires en un monceau de ruines.... Soudain l'ordre des saisons paroît renversé, l'hiver le plus rude survient au milieu de la plus brillante et de la plus douce automne... Tout éclate soudain d'une effrayante blancheur ; et la terre, qui s'était naguère couverte de fruits, n'est plus qu'un désert éblouissant et sauvage ;... tantôt un déluge de vapeurs, contractées en des ravines de neiges, sont balayées çà et là par l'aqui-

lon ;... tantôt le vent glacé de la tempête souffle avec rage dans les forêts gé-
missantes ;... partout le nitre éthéré com-
prime les élémens fugitifs de la chaleur,
et s'efforce de suspendre l'action du principe de la vie.

Nos valeureux soldats, que transit l'a-
preté précoce de l'air, ne traversent plus
qu'une étendue immense de glaces, ils
ne peuvent diriger leurs pas incertains
et chancelans, ils s'égarent de plus en
plus dans les routes disparues, le froid
excessif engourdit leurs sens, se glisse
dans leurs entrailles !...

O vous qui, livrés au délire des pas-
sions, ou à l'insensible indifférence,
consumiez, alors, dans de frivoles spec-
tacles et dans les voluptés, ces jours
pénibles dans lesquels une saison lugubre vous invitoit à recueillir vos pensées,... et vous, sur-tout, que trouble
l'horrible fureur du jeu, vous qui pré-
cipitâtes, alors, de gaieté de cœur, une
épouse estimable et de jeunes enfans,
dans le gouffre d'une ruine totale, ah !
dans ce fatal instant, si vous aviez jetté

un seul regard sur vos généreux conci-
toyens insultant aux rigueurs d'un hiver
impitoyable , vous auriez, j'aime à le
croire, vous auriez suspendu vos empoi-
sonnées distractions, vous auriez donné
quelque trève aux calculs insensés de
l'avarice ; et vous auriez appris de nos
défenseurs à vivre,... ou à mourir pour
votre pays.

Quant à vous, ames sensibles , qui ,
dans ce siècle desséché, avez osé retracer
à votre esprit cette scène glorieuse où
luttèrent corps à corps l'héroïsme et le
malheur, vous qui, non contents de
donner des pleurs à l'humanité souf-
frante , avez offert spontanément sur
l'autel de la patrie les sacrifices les plus
précieux, essuyez vos larmes, vous n'en
verserez plus désormais que de joie, de
reconnoissance et d'admiration !

Voyez Napoléon , toujours modeste
dans la fortune, se montrer froid dans
le péril le plus imminent , aussi grand
dans les revers que dans les triomphes ;...
c'est en vain que la terre de Moscovie
est devenue de fer, et le ciel d'airain ;

c'est en vain que des essaims de nations ambulantes et sauvages frémissent autour de lui, impriment les traits hideux de la désolation et de la famine sur tous les pays où elles s'arrêtent, Napoléon, tour à tour les poursuit et les repousse, et il éteint dans leur sang les feux impies qu'ils ont allumés.

Tel qu'un rocher que frappe sans relâche une mer mugissante, et qui brave la colère impuissante des flots soulevés; tel cet intrépide et sage Monarque voit d'un œil assuré le danger et la mort, tel il résiste aux coups redoublés d'un sort inexorable; il se montre partout sur le chemin du péril, et supporte, comme le dernier de ses soldats, des souffrances de tout genre:... c'est qu'il aspire à la vraie grandeur; c'est que la sagesse a, pour des ames de cette trempe, des traits plus fortement imprimés, et des règles plus sévères que pour la multitude des esprits médiocres; c'est, disons-le sans détour, c'est que Napoléon se confie en Dieu, et qu'il sait que, de son trône sublime, la Divinité se plaît à reposer ses regards sur la vertu impassible dans l'épreuve.

Ah ! je crois le voir élever les yeux vers le ciel, je crois l'entendre invoquer la souveraine Puissance : « Sauve mes
» guerriers, s'écrie-t-il, ne permets pas
» que mon ame se brise à l'aspect de
» tant de pertes,.... ô Éternel, toi que
» je ne priai jamais en vain ! Sauve-moi
» de cet abîme ;... conserve - moi au
» grand peuple dont tu m'as confié les
» destins ;.... accorde-moi la force et le
» tems d'achever l'œuvre *que tu m'as*
» *donné à faire....* Restera-t-il ébauché ?
» Ces masses de lumières bienfaisantes
» que tu as dernièrement répandues sur
» la terre, regagneront-elles les cieux,
» sans avoir éclairé le genre humain ?
» Les résolutions vertueuses de la nation
» Française, tant de maux qu'elle a
» soufferts, et tant de dévouemens sans
» exemple resteront - ils perdus pour
» l'humanité ? Non, non ! O toi qui as,
» seul, l'être, la bonté et la puissance
» infinies ! tu m'accorderas le nombre
» d'années déterminé que j'ose implorer

» de toi :.... et déjà je me sens fort de
» ta force, déjà tu es près de moi, je
» te vois, ô Eternel ! à ma droite,... et
» je ne serai point ébranlé ! »

Napoléon dit, et il parcourt avec sérénité les plaines glacées.... Environné
de funestes débris, le Héros rassemble
autour de lui cette poignée de braves,
cet escadron sacré, plus digne d'être
inscrit dans les fastes de l'histoire, et
d'être surnommé *l'escadron des immortels*
que le bataillon célèbre des invincibles,
qui, dans les jours d'Epaminondas, fit
l'orgueil et la fortune de Thèbes.

Et cependant cet œil, toujours ouvert
sur les humains qui savent espérer contre
toute espérance et dont rien ne sauroit
ébranler l'héroïque fermeté, la Providence guide Napoléon et ses guerriers
fidèles à travers les labyrinthes d'une
impénétrable destinée.... Bientôt les ennemis et les glaces fuyent à nos yeux,
et l'on touche aux terres de la Pologne...
Bientôt l'illustre Chef des Français que
les barbares croyoient prêt à succomber,
va paroître mille fois plus redoutable ;

et, se relevant du coup le plus terrible, avec autant de succès que d'énergie et de célérité, il va bientôt réparer les torts de la fortune, rendre la pareille à ses ennemis, châtier la trahison qui triomphoit des rigueurs de la nature et des caprices du sort.

Et, déjà, à l'affreuse sévérité d'un hiver homicide ont succédé les jours sereins du printems qui fait germer pour nous les palmes de la victoire ; déjà le ciel, propice à nos vœux, a ramené dans les plaines de Lutzen les enfans du Nord, pour être offerts, comme des victimes expiatoires, comme des sacrifices de paix, comme autant de justes représailles, aux vengeurs de la perfidie et de l'inhumanité !

Mais avant que de vous retracer l'événement glorieux et mémorable qui met le comble à nos espérances, avouez, ainsi que moi, qu'on ne peut distinguer avec évidence la vertu, que lorsqu'elle a été éprouvée dans le creuset de l'adversité. Voyez, dans le tableau que je viens de peindre, une de ces touchantes situations qui revèlent au monde étonné les grands caractères ; qui font ressortir à nos yeux, sous des formes colossales, toute la hauteur et toute l'étendue de leurs facultés. Reconnoissez, enfin, que Dieu protège la France ; et qu'il a désigné Napoléon pour l'homme de son choix, en faisant éclater en sa faveur cette merveilleuse délivrance.

O si j'avais cette voix divine qui anima les chants du poëte harmonieux de Sion ! si je connoissois le langage des anges, pour exprimer une joie extatique, je vous décrirois celle qu'éprouva l'Epouse bien aimée de Napoléon, la mère auguste de l'héritier de l'Empire, à la nouvelle si désirée du retour de son époux ! J'entreprendrois de dépeindre les touchantes émotions de tout un peuple, à la vue du plus grand Monarque de la terre ! --- Mais, hélas ! le langage humain, si fécond, si riche pour la plainte, le malheur et la souffrance, n'a point de voix, point d'accents pour le bonheur,... et les profondes jouissances sont muettes.

C'est donc à vos cœurs, c'est à votre mémoire fidelle que je dois en appeler! Ils vous diront, bien mieux que ma foible voix ne peut le faire, et la vive satisfaction des Français, et les indicibles ravissemens de Marie - Louise, en apprenant le plus inattendu, le plus heureux des événemens, alors que, le dix-huit de décembre, avec la rapidité de l'éclair, ces mots se répandirent de bouche en bouche : *l'Empereur est arrivé!*

Avec quelle impétuosité la capitale versoit au devant de lui les flots de ses habitans ! quelle multitude immense abandonnoit ses tranquilles demeures pour saluer le retour du *Père de la Patrie!* Ce nom chéri se repète avec acclamations, avec les transports unanimes de la gratitude.... Les uns se racontent entre eux, avec intérêt, tout ce qu'il a dû souffrir, en de malfaisans et d'horribles climats, pour repousser les ennemis de la France ; les autres s'occupent de ce prochain et brillant avenir que leur prépare l'arrivée du meilleur des

Souverains.... Cette nouvelle inespérée vole avec célérité de ville en ville; elle atteint bientôt les plus reculés départemens; elle occasionne une fête spontanée et nationale ;.... l'enthousiasme devient universel !

Exhaussez-vous, portes somptueuses, élargissez vos linteaux pour admettre au palais impérial le concours empressé des Dignitaires, des Sénateurs, des Ministres de la volonté suprême, tandis que, de dessus le premier trône de l'univers, Napoléon leur prescrit les futures destinées de l'Empire; qu'il expose devant eux les moyens de triompher au-dehors, et de perpétuer la tranquillité intérieure ,.... la fermeté, le courage, un respect inviolable pour les lois.

Avec quel inconcevable bonheur ces hommes vénérables jouissent de la présence de celui qui , même absent, étoit l'ame de tous leurs conseils ! Toutes leurs facultés sont suspendues, par le silence et par l'attention, aux lèvres du plus sage des Monarques! Ils gravent sur-tout dans leur cœur ces admirables mots que recueillera l'histoire : « *La plus belle mort* » *seroit celle d'un soldat qui expire au* » *champ d'honneur, si celle d'un ma-* » *gistrat qui meurt en défendant le* » *Prince, le Trône et la Patrie, n'étoit* » *pas plus glorieuse encore !* »

État du Nord et de la Basse-Allemagne, après la campagne de Moscovie. Cependant , après avoir donné ses premiers instans aux soins de la plus vaste administration , se retirant dans le secret inscrutable de ses pensées , Napoléon jette sur le monde politique un regard observateur.... O Providence de mon Dieu ! quel tableau lugubre se présente à la vue de celui qui combattoit pour ta cause !

La Russie. Ici, ce sont ces lointaines régions qu'il a parcourues en vainqueur , désolées par les Tartares , par ceux même qui devoient les protéger :..... plus de quatre cents villages incendiés , plus de cinquante villes réduites en cendres , signalent leur marche... Les Rostopchin , des brigands farouches, stupides admirateurs des crimes de Tamer - Lan , s'efforcent d'étouffer, chez les Moscovites , l'étincelle naissante de la civilisation ; et les mœurs de ce peuple misérable, qui sembloient commencer à s'adoucir, sont rendues en peu de mois à leur férocité première.

Là, le torrent dévastateur roule et se La Pologne. grossit de tout ce qu'il rencontre, dans son cours, d'impur et de rebelle ;... bientôt ne pouvant plus se maintenir dans un pays qu'elles ont entièrement épuisé, ces bandes affamées et voraces se jettent sur la Pologne.... C'est là que l'inhumanité des barbares du nord fait sentir partout son sceptre de fer ! C'est là que la destruction frappe sans relâche :.... aucune distinction entre les amis et les ennemis ! Et cette belle terre de Pologne, naguère affranchie d'un insupportable joug, subjuguée de nouveau par les irruptions des sauvages qu'avoient vomis les contrées polaires, paroissoit menacée d'un bouleversement éternel ; et nous craignîmes, nous-mêmes, alors, que les derniers regards de ses habitans, intimidés par nos pertes, courbés sous la verge de leurs oppresseurs, ne se portassent sur les débris de toutes leurs institutions libérales.

La Prusse. Ailleurs, ce sont les Prussiens, cet allié versatile, qui se jouent sans pudeur de la sainteté de leurs sermens! Ils ouvrent aux Russes les portes de l'Allemagne; ils livrent toutes leurs cités, toutes leurs troupes qui étoient les nôtres, à l'envahisseur de leur pays; allumé par leurs apôtres incendiaires, le feu de la sédition jette des flammes jusque sur les marches des trônes; l'esprit de révolte et d'immoralité fermente dans les cœurs; à l'ombre de l'anarchie, les liens sacrés de l'ordre social commencent à se rompre, la bonne foi à défaillir, le vice à marcher tête levée, et les sujets à se détacher de leur souverain.

La Saxe. Plus près de nous, la Saxe opulente et populeuse est envahie; elle maudit, et la défection honteuse de ses voisins, et l'insatiable rapacité des Tartares, sur la tête criminelle desquels les larmes de la misère et de l'innocence provoquent la juste vengeance du ciel qui s'apprête à les frapper; et ce n'est que par des sommes prodigieuses que Dresde et que Leipsick se rachettent du pillage.

Déjà enflés de leurs prétendus succès, fe flattant avec stupidité d'avoir
toujours pour auxiliaires les rigueurs de
la nature, nos téméraires et ignorans
ennemis ne se proposoient rien moins
que d'ébranler le plus florissant empire
jusque dans ses fondemens, d'attirer au
sein de la France les armes de toutes
les nations qu'ils auroient soulevées, et
de faire de nos plus riches cités, de nos
plus belles provinces, le théâtre du dé-
chirement le plus malheureux.

Ciel ! que deviendra l'Europe civili- L'Angle-
sée, et quel triomphe pour les Anglais, terre.
si l'Autriche et la France, les seuls poids
salutaires, qui, à l'orient et à l'occident,
pèsent sur la puissance monstrueuse de
l'Angleterre, cessent de la comprimer!
---Ne va-t-elle pas, dès lors, se relever
plus que jamais formidable ? Appuyée
d'un côté sur l'Océan, de l'autre sur
l'immensité de la zone boréale, dont le
prince échange le sang de ses sujets contre de stérils monceaux d'or, ne rendra-
t-elle pas incessamment tous les peuples
tributaires, si le seul Souverain de qui

la liberté mourante des mers puisse espérer son salut, n'a plus de ressources
ni d'armée, pour lutter contre cette mo-
narchie usurpatrice ?

Tel est le sombre tableau qui s'offre à
la pensée active de Napoléon : son œil
pénétrant voit tous les obstacles qui s'op-
posent à la rapide délivrance des provinces germaniques ; mais ce même regard qui lui découvre, et la grandeur
du mal, et ses progrès d'une nature a-
larmante, lui montre aussi l'infaillible
moyen d'en triompher promptement.

Il ne falloit rien moins que relever le
courage ébranlé des Etats les plus foibles ;
déjouer les machinations d'un perfide ennemi ; réunir à lui, par de durables liens,
les Puissances amies ; jetter, enfin, dans
les forteresses du nord, susceptibles de
défense, de fortes garnisons, pour ne
laisser aux armées vagabondes des barbares aucun point d'appui.

Cependant l'inclémence des régions
arctiques, l'apreté mortelle d'un hiver
prématuré avoient fait essuyer au conqué-

rant de Moscou des pertes aussi grandes qu'elles dûrent être imprévues. -- Abandonné par plusieurs à qui il s'étoit plu à faire du bien, trahi par d'autres sur qui il auroit pu compter davantage, demeuré comme seul, il n'a rien perdu, parce qu'il reste à lui-même, et parce qu'il reste à la France!

O qui eût osé le penser? Qui a jamais ouï dire qu'une armée, que dis-je? qu'un peuple de guerriers fût enfanté en un jour? --- Quelle surprise pour l'Europe! quel honneur éternel pour les Français! --- Je ne sais quelle impulsion généreuse, je ne sais quelle vive sensibilité, quel amour inné pour le Prince et la Patrie, ont excité chez eux un mouvement universel et spontané... Différens de la plupart des peuples qui ne montrent que de la froideur pour la raison d'Etat, ils ont cru soutenir leur propre cause en défendant celle du Monarque;... Des milliers de bras se sont armés volontairement, la France entière se seroit levée pour une si belle cause; et c'est alors, sur-tout, qu'elle a paru sous ses véritables traits,

Admirable énergie de la France.

l'esprit militaire, le dévouement, la confiance et la fidélité !

Avouons-le, néanmoins, sans la magie d'un nom qui fut toujours uni à celui de la victoire, on n'eût pu créer sitôt, on n'eût pu faire, en quelque manière, sortir du néant une armée qui l'emporte, et pour la discipline, et pour l'esprit belliqueux, et pour la célérité des manœuvres, sur les bandes les plus exercées des guerriers du Nord : un seul homme, en Europe, pouvait opérer un tel prodige ! et ce qui paroissoit une impossibilité, cet homme, unique dans le torrent des âges, l'a exécuté à l'étonnement de l'univers !

On a vu soudain naître une jeune armée ; conduite par des officiers expérimentés, enflammée d'un enthousiasme garant de la victoire, elle n'attendoit que le signal du combat pour se montrer digne de son invincible chef.

Départ de Napoléon.

C'est avec de telles mesures, c'est avec autant de prévoyance que d'audace et de grandeur, c'est en faisant marcher à la fois, et d'innombrables détails, et l'ensemble, que Napoléon se dispose à conquérir la paix.

Mais il ne veut point laisser son Empire sans défense ,... et il ne montre pas moins de précaution dans ses réglemens intérieurs.... Les attributions de la Régence suprême, environnée d'un conseil aussi éclairé que vigilant, et l'illustre rejetton de ce royal hyménée sur lequel repose notre espoir, sont confiés par l'Empereur à Marie-Louise : « Qui plus que vous, » lui dit-il , veillera à l'observation des » lois ? Votre rare prudence, votre activité, votre application aux affaires » me sont connues.... Je ne puis mieux » recommander qu'à vous le soin de mes » Etats, vous serez un organe de bonheur pour mon Empire ! --- Le Dieu » tout-puissant *qui a dressé mes mains* » *au combat et mon bras à la bataille,* » me ramènera bientôt auprès de vous, » vainqueur de mes ennemis, j'en ai la » ferme et heureuse confiance ; bientôt. » je les rejetterai dans leurs affreux climats qu'ils ne doivent plus franchir ;

» et , en arrachant à l'Angleterre ses
» importuns et sanguinaires suppôts, je
» lui ravirai bientôt la faculté odieuse
» de troubler à son gré le repos du
» monde, et d'imposer aux Princes du
» continent la malheureuse nécessité de
» s'armer contre cette Puissance ambi-
» tieuse, qui ferme sur nous les portes
» de l'Océan. »

L'Empereur arrive à Wessenfels. Il dit, et, franchissant les limites de la France, il paroît à Weissenfels, recueillant sur son passage les bénédictions des peuples.... Il désiroit avec ardeur d'en venir aux mains ; il n'ignoroit pas que que le gain d'une bataille étoit le seul remède aux maux désastreux que faisoient souffrir à ses alliés les dévastateurs du nord.

Un nouvel esprit anime, à l'arrivée de Napoléon, les habitans des villes et des campagnes ; ...... et, depuis les bords du Rhin jusqu'à ceux de l'Elbe et de l'Oder, depuis Bautzen et Dresde jusqu'à Leipsick et Hochkcirhen, l'on sentit les rayons vivifians de l'astre qui venoit de se lever.... Les Prussient et les Russes, seuls, qui devoient inces-

samment en éprouver la formidable in-
fluence, ignoroient que le vengeur, que
le premier général de tous les siècles fût
parmi les combattans.

Les armées rivales sont en présence.

Arrêtez maintenant vos regards sur
les deux camps.... Là, fiers de leur nombre et pleins de sécurité, nos présomp-
tueux adversaires regardent les Français
comme des victimes dévouées; et le Czar,
ainsi que le Roi de Prusse, se tenant à l'abri
du péril, séparés par un long intervalle
de leurs colonnes prêtes à combattre, di-
soient dans leur cœur : « *Je poursuivrai,*
» *j'atteindrai, je partagerai les dépouil-*
» *les ; ma main les détruira.* » Ici, sui-
vez de l'œil de la pensée cette réunion
hâtive de jeunes guerriers; ils puisent
dans les regards de leur auguste Chef
la force et l'espérance..... La sérénité
brille dans ses yeux ; il marche de garde
en garde et d'une tente à l'autre ;... son
camp semble lui tenir lieu de palais;
c'est au milieu de ses troupes qu'il repose, et la paille du bivouac le fait jouir

quelques instans d'un sommeil réparateur.

Éveille-toi, Monarque invincible, vois les flambeaux de la nuit qui pâlissent aux approches de l'astre du jour ; vois l'aurore de ses traits radieux éclairer déjà *le vallon des roses*, et les rives verdoyantes *de la blanche Elster*, et la plaine où vainquit Gustave-Adolphe.... Tu foules sous tes pas la terre fameuse de Lutzen ; et ce monument que tu reconnois, c'est *la pierre Suédoise*! (*)---C'est-là, en effet, que Napoléon, résolu d'attendre des renforts, vient se camper de la manière la plus avantageuse ; c'est-là que, déployant ses lignes dans le vallon, il évite d'être contraint à livrer bataille avec, seulement, la moitié de son armée.

Plaine de Lutzen.

Cependant, l'inévitable moment étoit arrivé ; et un coup de tonnerre, une action d'éclat alloit décider la grande querelle !

Des deux côtés, le péril et l'attente étoient au plus haut point ; la première

---

(*) *Voyez la note à la fin de ce discours.*

victoire devoit être le prélude d'événemens de la plus haute importance ;....
elle entraîneroit les irrésolus, elle affer-
miroit le courage des partisans de la
France; elle châtieroit la trahison, hu-
milieroit l'arrogance des barbares , et
récompenseroit la fidélité.

Déterminé à ne laisser à la fortune que
ce qu'il ne peut lui enlever, Napoléon
tient conseil avec ses pensées ;....de la
résolution qu'il prendra , dépend le sort
des Etats européens; jamais des intérêts
aussi graves ne se trouvèrent entre les
mains d'un seul homme !

Différera - t - il jusqu'au lendemain le
combat offert ?

Mais l'ennemi téméraire, qui le pro-
voque aujourd'hui à la bataille, refusera
peut-être demain de se mesurer avec lui.

Mais c'étoit pour cette journée même
qu'il avoit quitté la France.

Mais il avoit le secret pressentiment de
son glorieux succès ;...son ange tutélaire,
le protecteur invisible qui veille nuit et

jour à ses côtés, lui avoit sans doute pro-
mis la victoire; et il étoit écrit dans le
livre des destins que la civilisation et la
barbarie, les peuples du Nord et du Midi
feroient, dans ce jour fatal, leurs preuves
décisives, tellement que le gain de tous
les combats qui se livreroient ensuite,
seroit le fruit de la journée mémorable
de Lutzen.

Bataille
du 2 mai. Ciel ! que d'actions généreuses, que
d'exploits dignes d'être célébrés n'ont
point illustré cette lutte héroïque où l'on
a vu tout ce que peuvent la valeur, la
jeunesse et la vertu, sur la violence, sur
le nombre, et sur la férocité.....Fiers
de leur Monarque, tous ses soldats, à
l'envi, suivent avec ardeur un tel
guide à la victoire, et répandent pour
lui leur sang avec joie !

Quels capitaines signalerai-je parmi tant
de noms que se transmettra la postérité ?
ici, c'est le noble Eugêne, le digne élève
de Napoléon qui marche sur ses traces
glorieuses... Là, je vois l'intrépide Ney,
je vois Trévise et Dumoûtier renouvel-
ler à Kaïa, où se portoit tout l'effort des

ennemis, le combat des Thermopyles ;
sept fois ce village qui dominoit le camp,
est emporté avec une fureur soutenue,
par les ennemis ; sept fois il est reconquis,
avec un acharnement égal, par *la jeune
Garde* . . . . . Plus loin, c'est le vertueux
Girard qui, couvert de blessures, veut
mourir pour sa Patrie, son sang coule
par torrens : « *ne m'emportez pas du
» champ de bataille, s'écrie-t-il, le mo-
» ment est arrivé pour tous les Français
» qui ont du courage, de vaincre --- ou
» de périr!* »

Cependant le centre plie ; . . . . la cavalerie des Russes et des Prussiens avoit
fait fléchir nos bataillons ; . . . il n'y avoit
plus un moment à perdre ; . . . . c'est là
que se jugent les grands généraux! Celui
dont la clairvoyance égale la bravoure,
celui qui ne fut jamais vaincu, reconnoît
aussitôt ce moment de crise qui décide
la perte --- ou le gain des batailles ; et,
avec ce sang-froid, cette présence d'esprit admirable, cette inépuisable fécon-
dité en ressources et en moyens qu'il se
réserve à lui-même, il fait exécuter un

changement de direction , avec la vitesse de l'éclair ; il place sur le front quatre-vingt pièces d'artillerie ; il dispose la vieille Garde en échelons, pour protéger sa cavalerie , et pour masquer le petit nombre de ses escadrons.

C'est ainsi , ô vous dont la pensée attentive a recordé les leçons savantes de l'histoire, c'est ainsi que les mêmes évolutions et, à-peu-près , le même ordre de bataille, qui réussirent dans la guerre de trente ans au Monarque Suédois , valurent la seconde victoire de Lutzen au plu sgand des Capitaines , lorsqu'encore une fois, sur le même sol , les grands intérêts des empires et des peuples se décidèrent l'épée à la main.

En effet le désordre momentané de nos lignes se répare, elles font de nouveau face à l'ennemi; un autre combat plus meurtrier s'engage ; notre parc d'artillerie n'est plus qu'un volcan qui vomit sans relâche le fer et le feu ; les cuirassiers Russes, meurtris et rompus, abandonnent leurs postes ; les brigades des Prussiens sont enfoncées, et elles commencent à tourner le dos ; la Garde entière du Czar est écrasée,..... bientôt, croyant avoir tout perdu, les confédérés ne voient de salut que dans la fuite ; bientôt, aussi, voyant se pulvériser l'édifice de leur folle ambition, le Souverain de Prusse et celui de Russie, qui contemplaient du haut d'un tertre les vissicitudes du combat, à l'aspect de cette horrible défaite, se sauvèrent précipitamment ; et, tandis que la nuit préservoit de nos coups les débris de leurs armées, il ne se permirent de respirer qu'après avoir mis entre eux et le vainqueur le vaste fleuve de l'Elbe.

O journée éclatante de Lutzen ! O victoire unique, et par tes grands résultats, et par la difficulté de tes circonstances, tu seras mise au-dessus de celles d'Austerlitz, d'Jena, de Friedland ; et les lauriers de la Moskowa s'abaisseront, même, devant les palmes fleurissantes que nos jeunes soldats ont moisonnées ! C'est toi qui as déjoué les parricides complots ; c'est toi qui a rendu le royaume de Saxe à son légitime Souverain. ---- Tu as renouvellé les trophées de l'Egypte où quelques pelotons de fantassins, soutenus par la foudre de l'artillerie, ont renversé d'innombrables escadrons ; et tu as prouvé à un ennemi, qui se croyoit certain de la réussite ; que cette prétendue armée d'enfans étoit plus formidable que les bandes aguerries du Czar, exercées aux meurtres et au pillage.

Je te salue, journée de Lutzen ! C'est toi qui as mérité à nos nouvelles recrues cet éloge distingué de l'Empereur : « *Il* » *y a vingt ans que je commande aux* » *armées françaises, et je n'ai pas vu* » *encore autant de bravoure et de dé-* » *vouement.* »

Apportez-moi des couronnes,.... en-trelacez le laurier triomphal et le chêne civique, afin que je ceigne le front des vainqueurs !

Et vous qui consacrez au Temple de Mémoire les noms que ne doit point dé-vorer l'envieux oubli ; chantres inspirés par le génie lyrique, célébrez avec moi ce beau jour.

O journée de Lutzen , féconde mère de nouveaux triomphes, combien de hauts faits /tu vas enfanter ! que de victoires, plus complettes encore, te devront leur gloire !

Ici , je vois la forte Bautzen tomber sous nos armes , les dépouilles des vaincus appendues à ses remparts , et les flots humiliés de la Sprée rouler à Berlin les trophées de la France. ----- Là , C'est Weissig, c'est Wurtchen, c'est Hochkirch, où le Dieu des batailles a béni plus que jamais nos armées.... Déjà l'airain tonne dans nos cités pour proclamer la défaite totale des Russes; déjà je vois arriver le noble courier qui vient annoncer à Marie-Louise que les phalanges prussiennes sont mises en une épouvantable déroute.

Que vois-je? Grand Dieu ! quelle est cette scène mille fois plus magnifique, qui se déploie à la vue de mon ame ! O Lutzen, tu montres à mes regards éblouis un messager bien plus désiré encore, le messager de la paix ! je vois sur ses pas le commerce refleurir au milieu de la

France; je vois se réunir tant de cœurs; je vois les jeunes guerriers que la Campagne avoit séparés de leurs familles, pressés tendrement entre les bras des auteurs de leurs jours; je vois l'Europe ne plus offrir à l'humanité consolée, qu'un peuple de frères !

C'est là, ô victoire incomparable de Lutzen; c'est là le fruit qui, encore invisible, germe dans ton sein ! et c'est par toi, triomphateur magnanime, oui, c'est par ton bras victorieux, ô Napoléon, que le ciel propice aura versé sur nous cet inappréciable bienfait !

PÉRORAISON. MAIS que tant d'espérances, tant de gloire, et tant de prospérités ne me fassent point oublier les Martyrs de la Patrie, ces jeunes et intrépides guerriers, dont la tête couronnée de palmes impérissables est venue frapper contre les portes d'airain de la mort.

Hommage à nos jeunes défenseurs. Hélas! pourquoi faut-il que des pleurs aient à couler sur le champ de la victoire? Auprès de ces symboles d'immor-

talité , élevez des cippes funéraires ;
plantez des cyprès autour de ces monu-
mens, que la reconnoissance nationale
consacre à ceux qui ont été pour nous
prodigues de leur sang. --- Ah ! respectez
leurs cendres honorées , haleines bruis-
santes de l'aquilon.... Vous, seuls, vous
qui respirez sur la terre maternelle ,
vents de l'occident et du midi, rafraî-
chissez les ossemens de nos braves, et souf-
flez doucement sur leurs tombeaux. --
Nuit silencieuse, que ton astre mélan-
colique éclaire leurs mânes ! et toi , brillante rosée de l'aube du jour , hâte-toi
de faire verdoyer la mousse naissante qui
pare déjà, sur la terre de Lutzen, la couche
paisible où reposent ces jeunes héros ; ...
comme toi , ils tombèrent dans le matin
de la vie !

Sensibles épouses que consume le re-
gret, et vous, mères éplorées, essuyez
ces larmes données à la nature ; si elles
couloient sans fin, elle diminueroient la
grandeur du sacrifice ; et ce ne sont plus
des pleurs, mais de longs souvenirs qui
durent toute la vie, qui conviennent à
des immortels !

Muse sacrée , dresse pour eux l'autel de la renommée ; accours à ma voix, fais rayonner *quelques clartés salutaires* sur cette scène de deuil , qui noircit à nos yeux le théâtre de la gloire.

O Gourré ! ô Bruyére ! ô Kirgener ! vaillans capitaines, pourquoi avez-vous été tués sur les hauts lieux ? et comment sont péris les instrumens de guerre ? comment a été brisé le bouclier des forts ?

Au Duc d'Istrie et au Duc de Frioul.

Et toi, sur-tout, noble Duc d'Istrie ! et toi, aimable Duroc, toi l'ami, le compagnon d'armes de Napoléon ! nouveaux Turennes, foudroyés dans les bras de la victoire, pourquoi avez-vous été sitôt enlevés à l'amour de votre Souverain, ravis à nos espérances ?

A quoi vous sert maintenant, s'écrieront peut-être, ici, des hommes pusillanimes, ô vous qui deviez mourir dans votre printems, à quoi vous sert cette soif ardente de renom, qui brûloit dans votre ame ? ---. Ce courage calme et impétueux, ce zèle généreux pour le service de votre patrie, qui vous distinguèrent avec tant d'éclat parmi tous les jeunes citoyens voués à sa défense, n'ont servi, hélas ! qu'à accélérer le terme de vos jours !

Et cette réputation qui surnagera au torrent des siècles !... et ces immortelles vertus !... et ce trésor de connoissances acquises de si bonne heure ! les comptez-vous donc pour rien ? O vous qui n'estimez la vie qu'à la longueur stérile des années, et qui mourrez vous-mêmes, sans avoir vécu, quoique chargés de jours !... et cette ame indestructible qui a survécu à la ruine de son enveloppe, pensez-vous qu'elle ne moissonne pas maintenant, dans les plaines éthérées et célestes, d'autres lauriers, d'autres palmes mille et mille fois plus précieuses que celles qui croissent dans le champ de la mortalité ?

Non ! non ! quoique Bessières, quoique le vertueux et fidèle Duroc eussent parcouru bien peu d'années, ils avoient accompli beaucoup de temps ! obéissant aux saintes lois de la conscience, de l'honneur et du patriotisme, ils n'ont point été avares de leur sang pour l'amour de leur pays !

Et si toute l'antiquité payenne a honoré de si nobles victimes ; si elle nous dit qu'il est beau, qu'il est infiniment désirable de mourir pour la patrie ; si elle nous assure qu'il ést dans le ciel des places marquées pour ceux qui auront contribué à la gloire de leur nation : la religion divine vient confirmer ces oracles que nous dicte la nature ; et elle nous déclare expressément qu'une béatitude éternelle est réservée pour ceux, qui, persévérant dans une conduite généreuse et magnanime , *cherchent l'honneur, la gloire et l'immortalité.*

Le Christianisme éclairé, source du véritable héroïsme.

Aussi, et je dois le reconnoître, de même que les Ducs d'Istrie et de Frioul, ainsi, encore, les braves qu'ont illustrés ci-devant leurs actions et leur trépas héroïques, les Montébello, les Dessaix, les Joubert et les d'Haupoult ; ainsi l'orgueil de l'ancienne France , les Duguesclin , les Bayard, les Crillon ,

les d'Assaz et les Turenne ne durent qu'à
leur christianisme éclairé , et leur courage intrépide, et leurs immortels exploits.

Desirez-vous marcher sur leurs traces
honorables ? O vous , jeunes guerriers ,
soyez attentifs; retenez bien ce principe
de toutes les grandes choses , le seul qui
puisse dans l'heure du combat électri-
ser votre cœur, le seul gage certain des
palmes immarcessibles que moissonnent
la valeur et la vertu dans une vie meilleure;... c'est que nul soldat ne peut
avoir un amour plus vif pour son pays,
un sentiment plus délicat de la gloire,
que le chrétien !

Est-ce l'amour de la patrie qui nour-
rit et enflamme la bravoure ? mais il
n'est point de patriotisme plus pur, plus
actif, que celui dont le christianisme nous
pénètre. --- Est-ce la confiance en Dieu,
est-ce la croyance d'une immortalité infiniment heureuse qui raniment le courage au fort du péril, et rendent l'homme
intrépide ? Mais quel guerrier sera plus

courageux, quel militaire montera plus audacieusement à la brèche, que le chrétien ? Il sait que s'il meurt pour son prince, il obtient une éternité de bonheur ! --- Le cri de l'alarme se fait entendre,... le son aigu de la trompette appelle au combat,... l'heure de la bataille est celle où l'on distribue les couronnes; c'est l'heure où l'on conquiert le diadême d'honneur!... Il vole au triomphe comme au martyre;... il est heureux, soit qu'il reste debout, soit qu'il succombe :..... dans l'un et dans l'autre cas, il demeure également vainqueur !

C'est parce que ce principe sublime a dirigé tous vos pas, ô Napoléon! que que vous vous êtes, si jeune encore, élancé dans cette noble carrière où vous avez devancé toutes les réputations, surpassé toutes les gloires ! --- C'est l'inébranlable croyance de l'immortalité qui vous a fait adresser au Duc de Frioul ces belles paroles, qui, des hauteurs de Wurtchen, ont retenti jusqu'aux extrémités de la terre: « *O mon ami, il est* » *une autre vie où vous irez m'attendre;*

» *c'est là que nous nous retrouverons un*
» *jour.* » (*)

Mais que vous a répondu en mourant ,
ce serviteur fidèle ? Anges du ciel , portez cette touchante expression d'une inviolable amitié, portez ce vœu du mar-
tyr de la patrie au trône du Tout-Puissant! « *Oui, Sire, nous nous retrouve-*
» *rons dans cette vie meilleure , mais ce*
» *ne sera que dans trente ans ; quand*
» *vous aurez triomphé de vos ennemis ,*
» *et réalisé toutes les espérance de votre*
» *patrie.* »

Les plus sages des anciens crurent que
l'ame, prête à s'échapper de sa terrestre
enveloppe, avoit quelque pressentiment
de l'avenir; et l'historien le plus véri-
dique nous montre plus d'un père de
famille, à son lit de mort, lisant dans

(*) Des circonstance ayant retardé l'impression
de ce discours , il est facile de comprendre que
l'auteur s'est empressé d'y consigner les victoires
nouvelles que faisoit présager celle de Lutzen ,
ainsi que les belles paroles de Sa Majesté Im-
périale et Royale, à son Grand Maréchal du
Palais.

le livre de la destinée, et prédisant les événemens futurs....

Pour nous, M. C. A., nous qui avons, aussi, le bonheur de croire à la Providence, nous prenons acte de la déclaration de cet illustre mourant, non-seulement parce qu'on aime à se persuader ce qu'on desire; mais, sur-tout, parce que nous voyons le doigt de Dieu empreint sur tous les événemens de la vie de notre incomparable Souverain ; Mais, parce que nous nous sommes convaincus, ainsi, qu'il est L'HOMME NÉCESSAIRE ; mais, parce que nous avons, dès lors, le droit d'espérer que le Ciel, qui l'a suscité pour le bonheur de la France et le salut de l'Europe, lui accordera le nombre d'années, déterminé, qu'il a demandées à son invisible Protecteur, pour achever la grande mission qu'il en a reçue !

Conclusion de tout ce discours. Permettez-moi, ô Napoléon, de retracer ici les grandes preuves sur lesquelles est assise notre confiance ; permettez-moi de montrer à découvert l'intervention du Très-haut, qui, en dirigeant les causes secondes, les a fait concourir ensemble à l'exécution du plan qu'il confie à votre infatigable activité.

Oui, l'histoire entière de votre vie n'est qu'un tableau continuel de la Providence; et, sous mille aspects différens, sous mille et mille formes, elle a toujours été à vos côtés!..... Mère la plus tendre et la plus fidelle, elle ne vous a pas abandonné un instant; travestie sous des images sensibles, --- le jour, elle accompagnoit vos pas, tantôt revêtue d'un voile de lumière qui la déroboit à vos regards, tantôt enveloppée des plus épais nuages, elle vous cachoit son intervention. --- La nuit la plus sombre ne l'empêchoit point de se dévoiler à votre pensée.... Que de fois elle vous a instruit durant le sommeil ! combien de fois elle vous a révélé vos magnifiques et laborieuses destinées !

Fidèle à ses divines instructions,

La Providence protège la France et Napoléon.

vous teniez alors conseil dans le secret de votre ame, et vous méditiez en silence devant la postérité..... Alors vos regards de flamme embrassoient les siècles; et vous conceviez ces vastes plans dont l'accomplissement successif étonne, console, et renouvelle les sociétés qui penchoient vers leur dépérissement.

C'est dans les bras de cette Providence maternelle, que vous reposiez, au milieu des périls innombrables de la mer; c'est elle, qui, au travers des escadres insulaires qui en vouloient à vos jours, a guidé, alors, en sureté, jusques dans le port heureux où Jules aborda, la nef flottante qui portoit la fortune d'un nouveau César et les destins de la France!

C'est elle, encore, qui vous couvrit de son impénétrable bouclier, quand vous affrontâtes la mort et moissonnâtes des palmes dans les champs de Marengo, aux périlleuses journées de Lodi et d'Arcole;... et près des étangs glacés d'Austerlitz; à Jena et dans ses défilés impraticables; sur les neiges ensanglantées d'Eylau, et à Friedland où la paix fut le prix de la victoire, c'est la Providence du Très-Haut qui a veillé sur vos jours.

C'est à l'ombre de ses aîles tutélaires, que, bien auparavant, vous demeurâtes impassible sur les bords du Nil, infestés de meurtriers, et dans les déserts brûlants de l'Arabie, et au sein de la dévorante contagion qui exhaloit des souffles empoisonnés.

C'est la Providence, encore, qui repoussa loin de vous l'airain homicide, lorsque plus de deux cents bouches à feu vomissoient la mort dans les plaines de Wagram; ce fut elle, alors, qui vous réserva à Marie-Louise, qui rendit cette aimable Princesse l'objet de vos vœux, et qui vous fit conquérir son cœur magnanime; ce fut elle, bientôt, qui accorda à nos prières ce royal enfant, l'héritier de votre Empire, celui sur la personne sacrée duquel reposent, après vous, toutes les espérances des Français.

C'est elle, enfin, oui, c'est la Providence divine, qui, après vous avoir acquis de nouveaux triomphes sur les rives dès-lors célèbres de la Moskwa ; après vous avoir soustrait aux torches incendiaires des Tartares, aux horribles marais de la Bérésina, à ces contrées glaciales où expire la nature, vous a ramené sur LA TERRE HISTORIQUE DE LUTZEN, pour triompher des traîtres et des rebelles ; pour venger l'infraction criminelle des traités, et pour rassurer l'Europe civilisée, en replaçant, pour la seconde fois, un audacieux et barbare ennemi sur le bord du même abîme où il se flattoit déjà de nous ensevelir !

O Providence ! Providence ! je t'adore ; c'est toi qui t'es plue à renverser tous les projets de l'orgueil. --- C'est par toi que les Monarques, qui avoient embrassé la cause de l'anarchie, se voient soudain interrompus dans leurs coupables progrès, par l'intervention de ta Puissance invisible qui poursuit les grands desseins qu'elle a sur Napoléon ! --- C'est par toi, enfin, que tous les ressorts de la machination politique, tendus, avec tant d'illusions, d'astuce et d'opiniâtreté, par le cabinet anglais, s'arrêtent dans leur jeu brillant et rapide; et que, semblable à un château aërien, l'édifice colossal de la grandeur britannique s'ébranle sous les pas de ses téméraires constructeurs, et menace de s'écrouler sur leurs têtes!

Qui ne te craindroit, ô Eternel! et qui pourroit avoir d'autre crainte? Tu étois à Lutzen, quand la France redoutoit pour ses fils et pour son Souverain les hasards de la bataille... Tu étois-là, Seigneur, et nous ne le savions pas! Tes armées célestes et tes charriots de feu campoient nuit et jour pour notre défense!

L'ennemi disoit : je poursuivrai, j'atteindrai, je dégaînerai mon épée, ma main les détruira.... Tu as soufflé sur leurs entreprises ambitieuses, ô Eternel, et le gouffre les a engloutis!

Voilà, grand Dieu ! nous nous prosternons en ta présence, rendus muets par la force de la gratitude dont nous sommes affectés; notre prière s'élève sur le vol de la pensée, elle monte avec la flamme de l'autel en tribut d'adoration!...

Un sentiment de bonheur inexprimable nous environne....

A mesure que notre sort se déroule à nos regards, et que tes bienfaits sans bornes n'en mettent plus à nos espérances, notre ame prend un nouvel essor , et notre esprit acquiert une étendue proportionnée à la grandeur de nos destinées; car, ô Eternel, tu es avec nous ! tu rendras par l'organe de ton Oint le bonheur au monde! tu feras découler, sur nous et sur nos enfants, des fleuves de paix !

On sait que la belle plaine de Lutzen, tant de fois arrosée de sang humain, est d'une rare beauté, et extrêmement fertile ; que la Pleiss et l'Elster, surnommée *la blanche*, pour la distinguer d'une autre rivière du même nom, la traversent, et sont bordées de bosquets rians, parmi lesquels on remarque le *vallon des roses*, non loin de Leipsick, et la prairie des roses, ornée de superbes allées de tilleuls, arbre nommé *Lips* par les Slaves, qui, ayant fondé Leipsick, l'appelèrent le bourg des tilleuls.

On sait encore qu'en 933 Henri I.er battit à Lutzen les Huns-Avares, et assura par cette victoire le salut de l'Allemagne pour plusieurs siècles ; --- qu'à Breitenfels, près de cette même plaine, le célèbre Tilly fut vaincu par Gustave-Adolphe, en 1631 : --- et que ce grand monarque, au prix de sa vie, acheta sur les Impériaux l'importante victoire de Lutzen, en 1632. Une pierre brute, appellée le caillou suédois, y marque encore le lieu où le vainqueur fut trouvé parmi les morts.

On sait, enfin, que le suédois Torstensohn gagna dans cette plaine la seconde bataille de Leipsick sur le fameux Piccolomini, général de l'empire, en 1642.

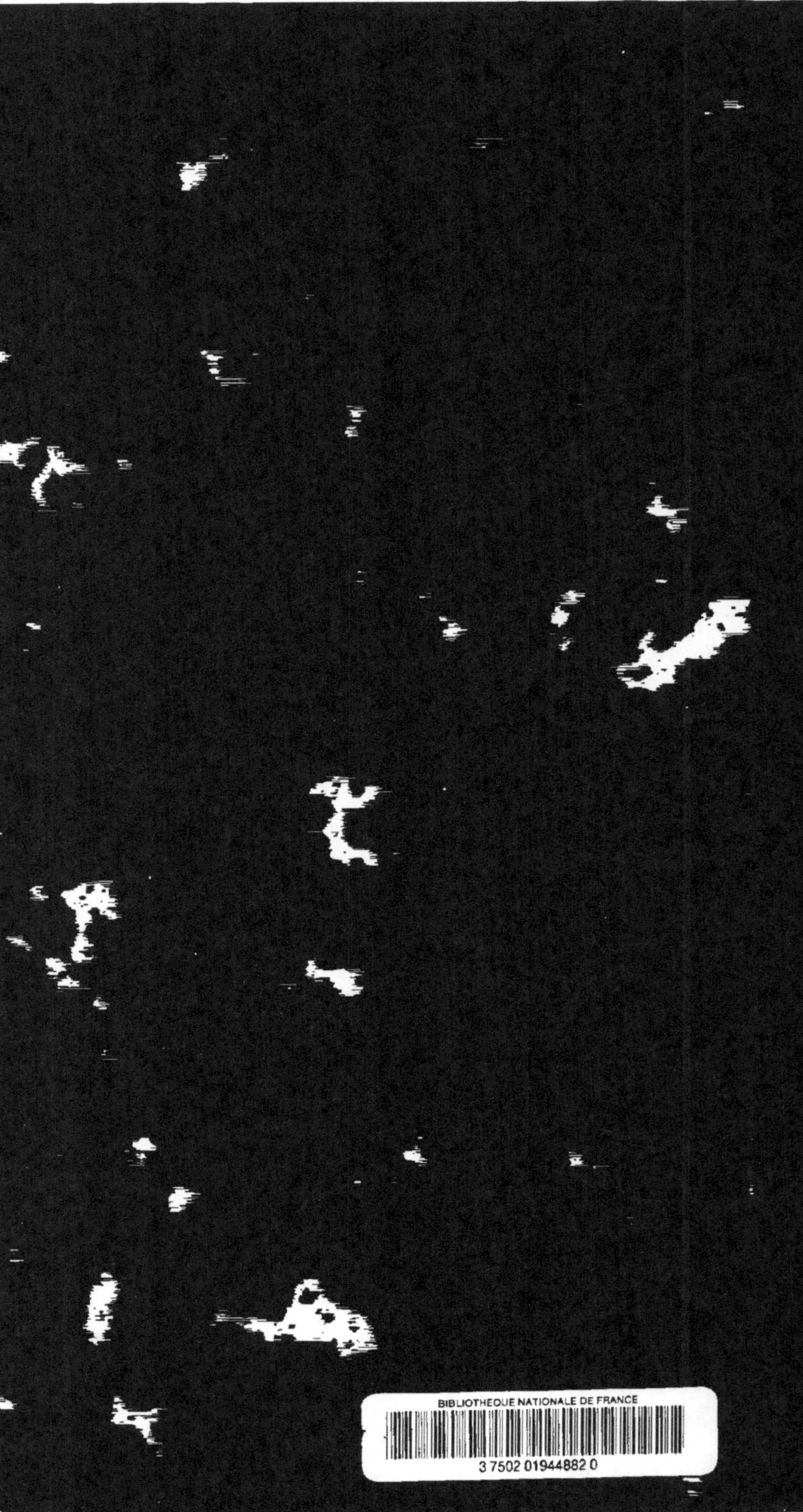